BEI GRIN MACHT SICH IHR WISSEN BEZAHLT

- Wir veröffentlichen Ihre Hausarbeit,
  Bachelor- und Masterarbeit

- Ihr eigenes eBook und Buch -
  weltweit in allen wichtigen Shops

- Verdienen Sie an jedem Verkauf

Jetzt bei www.GRIN.com hochladen
und kostenlos publizieren

Natalie Romanov

Heinar Kipphardt: "In der Sache J. Robert Oppenheimer." Ein Schauspiel (1964) - im Überblick

GRIN Verlag

Bibliografische Information der Deutschen Nationalbibliothek:

Die Deutsche Bibliothek verzeichnet diese Publikation in der Deutschen National-
bibliografie; detaillierte bibliografische Daten sind im Internet über http://dnb.d-
nb.de/ abrufbar.

Impressum:

Copyright © 2009 GRIN Verlag, Open Publishing GmbH
Druck und Bindung: Books on Demand GmbH, Norderstedt Germany
ISBN: 978-3-640-83199-9

GRIN - Your knowledge has value

Der GRIN Verlag publiziert seit 1998 wissenschaftliche Arbeiten von Studenten, Hochschullehrern und anderen Akademikern als eBook und gedrucktes Buch. Die Verlagswebsite www.grin.com ist die ideale Plattform zur Veröffentlichung von Hausarbeiten, Abschlussarbeiten, wissenschaftlichen Aufsätzen, Dissertationen und Fachbüchern.

Besuchen Sie uns im Internet:

http://www.grin.com/

http://www.facebook.com/grincom

http://www.twitter.com/grin_com

Heinar Kipphardt: In der Sache J. Robert Oppenheimer. Ein Schauspiel (1964).

Von Natalie Romanov

"6. August 1945, 8:15 Uhr: Die Sprengkraft von „Little Boy" entspricht 15 Kilotonnen TNT. Es breitet sich ein riesiger Pilz aus. Rund eine halbe Stunde später fällt aus der Wolke schwarzer radioaktiver Regen. Little Boy hinterlässt ein nie da gewesenes Ausmaß der Zerstörung." (Quelle: oe1.orf.at) Jeder kennt letztere Bilder, die sich der Welt offenbarten, als die erste Atombombe „Little Boy" von den Amerikanern auf Hiroshima abgeworfen wurde: Man sah einem neuen atomaren Zeitalter entgegen, die selbst den „Vater der Atombombe", Julius Robert Oppenheimer erschreckte. Moralische Skrupel äußernd, wurde die Verantwortung des Wissenschaftlers gegenüber der Menschheit in den nächsten Jahrzehnten zum viel diskutierten Thema: So auch in Heinar Kipphardts Dokumentartheater „In der Sache J. Robert Oppenheimer", das 1964 uraufgeführt wurde.

Das Stück selbst handelt von den drei unerträglichen Wochen Oppenheimers im Jahre 1954, wo er, aufgrund der Loyalitätsfrage bei seiner Weigerung, am Bau der Wasserstoffbombe 1951 mitzuwirken und seinen kommunistischen Neigungen, heftigsten Verhören ausgesetzt ist und schließlich zum Sicherheitsrisiko abgestempelt wird. Nichts desto trotz ist es nicht letztere Tatsache, die ihn am meisten bestürzt: „OPPENHEIMER: An diesem Kreuzweg empfinden wir Physiker, dass wir niemals so viel Bedeutung hatten und dass wir niemals so ohnmächtig waren." [S.140/4-6f] Ob der berühmte Wissenschaftler auch wirklich so dachte, kann in Frage gestellt werden- Tatsache ist, dass es in Kipphardts Konzept und in das von ihm erstellte charakterliche Bild Oppenheimers passt:

Denn es ist offensichtlich, dass der Autor eine Art Wandlung der Hauptperson im Sinn hat- vom gefühlskalten und arroganten Wissenschaftler, der „sich seine Pfeife anzündet" [S.12/32f] und sich seiner schlimmen Lage nicht bewusst ist, sieht er am Schluss seine Mitschuld, wie durch ein Wunder ein, und meint sogar „Ich will fernerhin an Kriegsprojekten nicht arbeiten, wie immer die angestrebte Revision ausfallen mag." [S.140/21-23f] Nicht nur, dass es in Wirklichkeit solch eine Schlussrede nie gegeben hat, es wirkt ganz und gar lächerlich, wenn man sich auf den vorigen Verlauf des Stückes bezieht: Am Anfang ist Oppenheimer eine farblose Gestalt, die ihre Skrupel nicht auszudrücken imstande ist und stattdessen berühmte Zitate aus Shakespeares „Hamlet" verwendet, wie „Die Welt ist auf die neuen Entdeckungen nicht eingerichtet. Sie ist aus den Fugen." [S.16/12-14ff]. Er antwortet immer sehr kurzbündig auf jegliche Fragen und kann sein Verhalten, das er u.a. in der Chevalier- Affäre an den Tag gelegt hat, nicht erklären. Tatsächlich betraf letztere Affäre Oppenheimers Freund Chevalier, der ihm von einem Spion berichtete, der versuchte an das streng geheime Atombombenprojekt heranzukommen. Oppenheimer verständigte den Sicherheitsdienst und meinte, dass es insgesamt *drei* Mittelsmänner gäbe, um seinen Freund Chevalier aus der Sache herauszuhalten. Warum er dies getan hat und damit konsequenterweise später sich selbst und Chevalier als Mittelmänner nannte, kann er im Verhör lediglich mit einem „Weil ich ein Idiot war" [S.52/24f] erklären. Umso unwahrscheinlicher ist es, dass Oppenheimer- wohlgemerkt, aus einer Trance erwachend und von einen der griechischen Musen gesegnet- plötzlich anfängt eine lange Predigt über die Verantwortung des Wissenschaftlers gegenüber der Gesellschaft zu halten. Das ganze Tribunal von einer „hochmütigen" [S.26/30f] Position aus betrachtend- es sei angemerkt, dass dieses Wort im Schauspiel sehr oft vorkommt- ist es völlig unverständlich, warum Oppenheimer den verzweifelten Versuch macht seine Moralwerte in Gegenwart des Gerichtsausschusses und der Anklage zu betonen. Denn Oppenheimer kann vollkommen überzeugt sein, dass das Verfahren „eine schlechte Show" [S.123/6f] ist und jegliche Art von moralischen und philosophischen Reden bloß unnütz wäre, ist es doch gleichzeitig nach dem von Kipphardt beschriebenen Verhör *unlogisch*, dass der Physiker ein Schlussrede hält, in der er so wie in „Leben des Galilei" sich selbst anklagt.

Somit wollte Kipphardt nicht nur seine eigene Meinung nochmals bestärken, indem er Oppenheimer diese aussprechen lässt, sondern den widersprüchlichen Charakter des Wissenschaftlers aufzeigen: Einige Historiker, die Oppenheimer als Persönlichkeit analysieren, und die seine außergewöhnliche Intelligenz und seine manchmal akribischen Eigenschaften zu den zwei wichtigsten Aspekten seines Charakters machen, meinten, dass er „wie ein Magnet mit zwei Pole sei. Oppenheimer der Charmeur, der Überzeuger, manchmal sogar der Hypnotiseur *und* Oppenheimer der Erniedriger, der Herablassende, der Zerstörer…" Man kann sich Oppenheimer demnach als eine große und dünne Person vorstellen, die nachdenklich, sehr neugierig ist und immer den Dingen auf den Grund zu gehen versucht. Selbst der Professor, der Oppenheimer bei dessen Promotion mündlich abprüfte, musste feststellen: „Puh, ich bin froh, dass es vorbei ist. Er fing an *mich* auszufragen." Kurz: Oppenheimer wurde wegen seinem Intellekt respektiert und bewundert, war allerdings gleichzeitig eine sehr anstrengende Person, zumal er sehr oft im Widerspruch mit sich selbst war. „ROBB: Waren es nicht die entsetzlichen Skrupel, die Sie im Jahr 1945 daran hinderten, sich für ein hartes Wasserstoffbombenprogramm einzusetzen? ~ OPPENHEIMER: Nein. Als die Super im Jahre 1951 machbar schien, waren wir von den wissenschaftlichen Ideen fasziniert und wir machten sie in kurzer Zeit, aller Skrupel ungeachtet." [S.83-84/31-35ff, 1-2f]

Als weltweites Symbol des Wissenschaftlers zu dieser Zeit war Oppenheimer, wie letzteres Zitat zeigt, ein begeisterter Mitarbeiter in Los Alamos, das streng geheime Laboratorium des US-Militärs, wo er vertieft in seinen Studien und den unzähligen Theorien der Physik oft in einer anderen Welt zu leben schien. Er wollte in die Dinge „hineinsehen, die da nicht funktionieren" [S.45/32-33f], er fühlte sich „in einen Zustand der Begeisterung und des Glücks versetzt bei der Vorstellung, das Wunder der Sonnenenergie durch die Verschmelzung leichter Kerne nachzuahmen." [S.93/32-35f] Obwohl Oppenheimer bereits gesehen hat, was die Atombombe anrichtete und wohlwissend, dass die Wasserstoffbombe, wo die Atombombe lediglich als Zünder fungiert, 10 000 Mal so stark ist, will er trotzdem herausfinden, wie diese aufgebaut ist und wie man sie verbessern kann. Daraufhin beginnt der Physiker das Super-Programm zu beraten: Er hat Zugang zu allen wissenschaftlichen Arbeiten und findet immer mehr über die „Verbrennung" von Wasserstoff zu Helium heraus- der Ablauf der auf der Sonne stattfindet und ihr eine ungeheure Energie verschafft. Wohlgemerkt, der Gedanke, dass dies alles ein Verrat an der Menschheit sein könnte, zieht sich in die entfernteste Ecke seines Gehirns zurück, da die wissenschaftliche Begeisterung dominiert. Ist es demnach eine „Art von Schizophrenie" [S.15/31f], der die Physiker verfallen sind? Eine psychische Erkrankung der Wissenschaftler an ihrer Begeisterung festzuhalten, ohne andere „Werte" zu berücksichtigen? Als Kipphardt dies in der ersten Szene erwähnt, kann man sich die Wissenschaftler bereits hinter Schloss und Riegel vorstellen, damit sie für die Menschheit keine Gefahr darstellen- eine Situation wie sie in Dürrenmatts Stück „Die Physiker" sehr anschaulich beschrieben wird. Allerdings muss man sich darüber im Klaren sein, dass nicht nur die Physiker von dieser vorher angeführten Schizophrenie betroffen sind; jeder Mensch, jedes Individuum mit ihren egoistischen Veranlagungen, ist davon betroffen! Damit letztere Aussage keine bloße Behauptung bleibt, muss der Leser sich nicht einmal in eine andere Person versetzen, sondern kann gleich in seiner eigenen Haut bleiben und die Behauptung mit seinen eigenen Augen analysieren: Es gibt z.b. viele Leute, die plötzlich eine Idee haben und sie versuchen aufs Papier zu bringen. Meistens mit wenig künstlerischem Talent ausgestattet, sitzt der Hobbyschriftsteller an seinem Computer und schreibt seine Story. Er ist von seiner Arbeit beseelt, überlegt sich ständig eine neue Passage, vernachlässigt alles um sich herum, die Familie, die mit ihm irgendwohin fahren will, wird ignoriert,… kurzum: Der Hobbyschriftsteller, der vertieft in seine Arbeit ist, gelangt zum Höhepunkt seines egoistischen Daseins; er denkt nicht an die Verantwortung, die er gegenüber der Familie hat oder der Erziehung seiner Kinder, genauso wie der Wissenschaftler über seine Verantwortung gegenüber der Menschheit vergisst, wenn er erstmal anfängt mit Herz und Seele bei seiner Arbeit zu sein. „OPPENHEIMER: Man kann von einer Sache wissenschaftlich begeistert und menschlich tief erschrocken sein." [S.86/14-15f] Oppenheimer ist- wie *jeder* andere Mensch auch- der „Schizophrenie" unterlegen, die fast schon als Erbsünde des Menschen, allerdings nicht die des Wissenschaftlers, bezeichnet werden kann.

Damit sind andere Kernphysiker dieser Zeit von den unfairen Anschuldigungen „schizophren" zu sein, entlastet: Hans Albrecht Bethe z.B., ein bedeutender Mitarbeiter in Los Alamos befand sich in derselben Konfliktlage wie sein Freund Oppenheimer. „BETHE: Ich war unentschlossen. Einerseits war ich von einigen Ideen sehr angezogen, und es lockte mich, mit den neuen Rechenmaschinen zu arbeiten […] Andererseits hatte ich diese tiefe Unruhe, dass die Super keines unserer Probleme lösen könnte." [S.111/13-18ff] Im letzteren Zitat wird gleichzeitig deutlich, dass es vor allem wegen den technischen Ausstattungen gelungen war, die Wissenschaftler zu bewegen nach Los Alamos zu kommen: Neue Rechenmaschinen, Versuchsanlagen und andere Mittel zur Nuklearforschung bildeten ein „Schlaraffenland" [S.16/7-8f] für Physiker- nicht zu reden von den Gehältern, die sie vom Staat bekamen. Diese Tatsache und seine endlose Liebe zur Wissenschaft, die 1967 im Nobelpreis der Physik resultierte, sind wahrscheinlich die wichtigsten Gründe, warum Bethe 1951 sich doch entschlossen hatte, die H-Bombe zu machen. Dabei wäre seine Beteiligung an diesem Projekt in Kipphardts Stück nicht vorauszusehen gewesen: Aus den Aussagen des „schweren Mannes mittleren Alters, von dem Würde und Freundlichkeit ausgeht" [S.107/33-34ff], wird ersichtlich, dass er sehr große moralische Skrupel hat und für die Abrüstung einsteht. „BETHE: Wir hätten ein Abkommen finden müssen, dass niemand dieses verfluchte Ding bauen darf…" [S.115/6-7f] Umso erstaunlicher ist es diesen Zeugen der Verteidigung nach all den vorher geäußerten Hemmungen, sagen zu hören, dass er der Physik der H-Bombe nicht widerstehen konnte.

Seine Einstellung erinnert an die von Isidor Isaac Rabi, ein weiterer Mitarbeiter des „Manhattan-Projekts" in Los Alamos und Verteidiger Oppenheimers: Als ein „quicker, kleiner, scharfzüngiger Mann" [S.120/7f] macht er nochmals mit allem Nachdruck und mithilfe seines unüblichen Humors klar, dass sich seine Meinung mit der Oppenheimers vollkommen deckt. „Ich könnte ganz gut an seiner Stelle sitzen, ich war entschiedener als er gegen das Dringlichkeitsprogramm." [S.120/33-35f] Genauso wie seine Freunde war er seinerseits versessen darauf das magnetische Moment eines Neutrons zu finden, wofür er 1944 schließlich den Nobelpreis bekam, und genauso wie der „Vater der Atombombe" war er sich der Folgen für die Menschheit bewusst. „BETHE: Es ist wahr […], dass Hiroshima uns alle verändert hatte." [S.110/8-9f]

Nur Edward Teller, der „Vater der Wasserstoffbombe" scheint in dieser Hinsicht in keinen Konflikt geraten zu sein: Als sich Anfang der fünfziger Jahre einige Wissenschaftler (u.a. Oppenheimer) von der Entwicklung der Wasserstoffbombe zurückzogen, gehörte Teller zu denjenigen, die sich am eifrigsten für ihre Herstellung begeisterten. Er versuchte genug Leute für das Super-Programm nach Los Alamos zu holen, was er allerdings viel später schaffte: „BETHE: Ein Grund wird das allgemeine Unbehagen sein, ein anderer Teller selber." [S.112/27-28f] Untersucht man diesen Physiker als Persönlichkeit, so reicht es sein Verhör in Kipphardts Buch durchzulesen, um festzustellen, dass er das komplette Gegenteil von Oppenheimer darstellt: Man kann sich ihn als einen „schlanken Mann um die fünfzig, dunkelhaarig, mit dunklen großen Augen, dichten Augenbrauen, dem Bild eines Künstlers entsprechend" [S.93/3-6f] vorstellen, der viel zielstrebiger und sicherer als Oppenheimer auftritt. Man schaue sich z.B. folgenden Dialog an, der deutlich macht, dass sich Teller der

Verantwortung des Wissenschaftlers nicht bewusst ist: „EVANS: Haben Sie niemals moralische Skrupel hinsichtlich der Wasserstoffbombe gehabt? ~ TELLER: Nein. ~ EVANS: Wie sind Sie mit dem Problem fertiggeworden? ~ TELLER: Ich habe das nicht als *mein* Problem angesehen." [S.104/6-10ff] Könnte etwas anderes hinter dieser offensichtlichen Kampflust stehen, die den Physiker dazu motiviert solche Aussagen zu machen? Vertieft man sich in geschichtliche Unterlagen, so findet man heraus, dass Teller 1951 eine geniale Idee hatte, ohne die die H-Bombe entweder gar nicht oder erst beträchtlich später gemacht worden wäre. Wohlgemerkt, wenn ein Wissenschaftler eine solch brillante Entdeckung macht, steigert er sich mit immer mehr Enthusiasmus in das Projekt, er versucht andere Leute zu motivieren, und „verlangt, dass man jedesmal so begeistert ist wie er selber." [S.108/28-29f] Teller, der sich schon vorher darüber beklagte, dass „man seine Arbeit nicht genügend beachte" [S.109/8f], fühlt sein Projekt, welches *er* erst möglich gehabt hat, durch „moralische Skrupel" Oppenheimers bedroht und versucht so selbstsicher wie möglich den Gerichtsausschuss von seinem Standpunkt zu überzeugen.

Dieser setzt sich zusammen aus dem ehemaligen Staatssekretär im Kriegsministerium, dem Generaldirektor der Atomausrüstung und einem Chemie-Professor, der als einziger nachvollziehen kann, in welcher Lage sich Oppenheimer befindet. Schon im Laufe der Verhandlung kann der Leser erkennen, dass Evans sich eindeutig fair gegenüber Oppenheimer verhält und schließlich in der Schlusserklärung Stellung für ihn bezieht. „EVANS: Dr. Oppenheimer ist vollständig loyal, ich sehe in ihm kein Sicherheitsrisiko, ich finde keinen Grund ihm die Sicherheitsgarantie zu verweigern." [S.137/25-27f] Gray und Morgan, die anderen Ausschussmitglieder, sind keineswegs unfair gegenüber dem Angeklagten, jedoch ist nicht zu verkennen, dass die Überzeugungskraft der Anwälte der Anklage einen enormen Einfluss auf sie ausübt: Diese bilden ein offensives Team; sie spielen sich bei den Kreuzverhören die Bälle in Form aller möglichen Fragentechniken geschickt und oft blitzschnell zu, sie ergänzen sich und lösen einander an passenden Stellen ab. „ROBB: Wie erklären Sie sich das? [...] ROLANDER: Halten Sie es für eine denkbare Taktik? [...] ROBB: Spricht es für „fast ganz erloschene Sympathien"?" [S.30/12-24ff] Bei den Anwälten der Verteidigung jedoch ist anzumerken, dass sie zu solistisch und sehr unsicher arbeiten: Man denke nur an die siebte Szene, wo der Verteidigung keine Zwischenfrage gestattet wird, was den Mangel an Durchsetzungsvermögen unterstreicht.

Obzwar Kipphardts Figurenkonstellation anfangs sehr symmetrisch erscheint, da die Reihenfolge der Auftritte ausgeglichen erfolgt- Teller (kontra Oppenheimer), Bethe (pro), Griggs (kontra), Rabi (pro)-, merkt man schnell, dass die scheinbare Chancengleichheit lediglich zwei strukturelle Tendenzen ausdrückt: Die erstere wäre die juristische Überlegenheit der Anklage; durch die zahlreichen Unterbrechungen, Nachfragen, Doppelfragen und Zurechtweisungen, wie „ROLANDER: Sie haben meine Frage nicht beantwortet, Sir." [S.67/22f], wird die a priori festgeschriebene Verurteilung Oppenheimers offensichtlich. Die zweite Tendenz bildet die eigene Meinung des Autor in der Sache Robert Oppenheimer: Nicht nur, dass Kipphardt die Zeugen der Verteidigung viel sympathischer erscheinen lässt, er erlaubt ihnen immer das Schlusswort zu sprechen. Was ist die Reaktion des Zuschauers? Er verlässt das Theater, sich nur stark an Oppenheimers Rede und an das Plädoyer seines Anwaltes- an die Meinung Kipphardts- erinnernd. Was Teller gesagt hat, ist schon längst zwischen etlichen Aussagen von Bethe und Rabi verschwunden, was Robb über Oppenheimers Loyalität äußert, ist schon längst in Oppenheimers Rede untergegangen. Es gibt keine Chancengleichheit in dem Sinn, sondern nur die Meinung Kipphardts, die für das ganze Stück dominant ist- insbesondere in den Zwischenszenen.

Diese sind Mittel die Handlung zu unterbrechen, sodass die Figuren ihre ganz persönlichen Gedanken, Zweifel, Fragen und Gefühle äußern. Sie „vertreten" sich für einen Augenblick selbst und werden in dieser neuen Rolle privat gezeigt, wie sie versuchen, das öffentliche Problem „Oppenheimer" persönlich neu zu durchdenken. Wie Brecht in seinem „epischen Theater" baut Kipphardt mit solchen Szenen eine gewisse Distanz zwischen dem Zuschauer und seinem Stück auf und fordert ihn auf nicht über den *Ausgang* nachzudenken, sondern über den *Gang*. Lichtprojektionen, Lautsprecheransagen, Schlagzeilen, Videos, etc. dienen als weitere Verfremdungseffekte, die das Publikum daran hindern sollen sich zu sehr in die nüchterne Gerichtsatmosphäre hineinzuversetzen.

Denn bei „In der Sache J. Robert Oppenheimer" handelt es sich nicht um ein schlichtes „Schauspiel", sondern um ein Dokumentartheater, das hauptsächlich auf den 3000 Maschinenseiten FBI- Protokoll der Vernehmungen Oppenheimers basiert. Nicht nur, dass es

Schwierigkeiten bei der Beschaffung der originalen Schriften gab, Kipphardt musste eine ungeheure Übersetzungsarbeit leisten und den Stoff auf ein kurzes Theaterstück reduzieren. So entschloss er sich z.b. nur sechs Zeugen statt 40 auftreten zu lassen, und vernachlässigte viele andere Anklagepunkte, die Oppenheimer vorgeworfen wurden. Das Resultat war ein Stück, das ziemlich sachlich wirkt und eine kühle Gerichtsatmosphäre erzeugt. Dabei versuchte der Autor so wirklichkeitsgetreu zu arbeiten, dass er auch nicht zögerte zahlreiche Anglizismen, wie „Fellow- Traveller" [S.24/13f], „Highbrows" [S.47/7f], „Trouble" [S.46/27f], etc. einzusetzen. Selbst einige Wortbedeutungen und Satzkonstruktionen weisen einen eher englischen Charakter auf, wie z.B. „OPPENHEIMER: Wir gaben Argumente [...]." [S.14/28f]. Das englische „give arguments" wurde hier wahrscheinlich- sei es nun aus reiner Absicht oder wegen einer kurzen Unachtsamkeit- sehr direkt übersetzt; es wäre natürlich angebrachter zu sagen, dass Argumente *vorgebracht* wurden. Ein weiteres Beispiel für solch eine missglückte Übersetzung wäre „EVANS: [...] wenn Dr. Oppenheimer das erinnert, [...]." [S.92/4-5f], was auf das englische „remember" verweist. Kurzum: Kipphardt kann sicherlich nicht zu den besten deutschen Übersetzern gehören, wird aber dem Prinzip „so wenig wie möglich und soviel wie notwendig" [S.141-142/33f, 1f] durchaus gerecht.

Für die Schriftsteller Erwin Piscator, Peter Weiß, Rolf Hochhuth und Heinar Kipphardt ging es bei diesem Theatertyp ja nur um die Darstellung der Wirklichkeit, um das „nonfiktionale Sammeln und Darstellen von Dokumenten aus der Realität" (Quelle: mentor). Ob es nun Interviews, Protokolle, Briefe, Zitate oder Reden sind, auf die sich der Schriftsteller bezieht, seine Aufgabe besteht darin, soviel wie möglich wirklichkeitsgetreu wiederzugeben. Es „ist die Absicht des Verfassers, ein abgekürztes Bild des Verfahrens zu liefern, das szenisch darstellbar ist und das die Wahrheit nicht beschädigt" (Zitat von Kipphardt). Die wesentlichen Merkmale der dokumentarischen Literatur sind damit folgendermaßen zu benennen: Das Basieren auf Dokumenten, der wissenschaftliche Anspruch bei der Erarbeitung der Quellen und natürlich die Aktualität des Themas, das gesellschaftlich *bedeutend* ist. „In der Sache J. Robert Oppenheimer" behandelt genauso wie „Die Ermittlung" - eine dramatische Version des Auschwitz-Prozesses von Peter Weiß-, oder „Der Stellvertreter" – ein Stück über das Verhalten der Kirche gegenüber der Judenverfolgung von Rolf Hochhuth- ein Thema, das die Gesellschaft beeinflusst- vielleicht sogar verändert hat.

Impulse für diese Stilrichtung sind von zahlreichen Seiten gekommen- vom Naturalismus, vom politischem Theater und Brechts epischen Theater, sodass die Dokumentarliteratur zwischen 1962 und 1970 in der BRD zur dominierenden Bewegung in der Literatur wurde: Schriftsteller wie Heinar Kipphardt hatten es satt, die Bevölkerung das Wirtschaftswunder genießen und die Vergangenheit, das Dritte Reich, vergessen zu sehen. Sie schlüpften in die Rolle der unangenehmen Mahner und veröffentlichten zumeist Dramen, die auf beunruhigenden Dokumenten basierten, meistens Themen wie den Konflikt zwischen Gehorsam und Befehlsverweigerung, zwischen Autoritätsgläubigkeit und Eigenverantwortung behandelnd.

Schon früh lässt sich dieses Leitmotiv in Kipphardts Leben erkennen: Nachdem er 11 Jahre (*8.März 1922 Oberschlesien) in einem sozialdemokratisch geprägten Elternhaus gelebt hatte, musste er miterleben, wie sein Vater von der Gestapo verhaftet und in ein KZ gebracht wurde. Es kostete ihn große Anstrengung beim Wiedertreffen, in Anwesenheit von Nazis, seinen Vater zu sehen und nicht zu weinen. Diese Verzweiflung wurde in den nächsten Jahren, in denen er sein Studium der Medizin, Philosophie und Theaterwissenschaften beendete, zum Bestandteil seines Lebens. Erst nach dem Krieg begann er seine Vergangenheit dadurch zu bewältigen, dass er sie schonungslos offen hinterfragte und beschrieb. Werke wie „Shakespeare dringend gesucht" (1953) und „Der Aufstieg des Alois Piontek" (1956) entstanden. Doch erst 1959 sollte ihm in der BRD das Angebot unterbreitet werden, ein Stück über Robert Oppenheimer zu schreiben, was nicht nur mit den damaligen Demonstrationen gegen die Kernwaffen zusammenfiel, sondern auch das Interesse des Autors weckte. „Einer großen, schwierigen Sache, dem Fall Oppenheimer, dem großen amerikanischen Atomphysiker, in dem so etwas wie eine heutige Dr. Faustus- Geschichte steckt." (Zitat von Kipphardt). Nach jahrelanger Vorbereitung setzte Kipphardt sich endlich an die Schreibmaschine und arbeitete zehn Stunden pro Tag durch, „um Oppenheimer fertig zu kriegen" (Zitat aus Kipphardts Brief an den Vater, 1963). Als Kipphardt der Durchbruch mit der Herausgabe von seinem Buch „In der Sache J. Robert Oppenheimer" 1964 gelang, folgten in den nächsten Jahren bis zu seinem Tod 1982 berühmte Werke wie „Joel Brand" (1965), „März, ein Künstlerleben" (1980) und „Bruder Eichmann" (1983), sowie zahlreiche Preise.

Natürlich wurde Kipphardts Stück „In der Sache J. Robert Oppenheimer" oftmals kritisiert: Im Zusammenhang mit dem Dokumentartheater stellte sich oft die Frage, wo da die Kreativität bleibe, und ob man bei diesem Stil von einer „Objektivität" ausgehen kann. Man sollte sich jedoch fragen, ob überhaupt irgendein Schriftsteller die Fähigkeit besitzt alles objektiv zu betrachten: Es ist nämlich eine Tatsache, dass wenn unser bereits vorher erwähnte Hobbyschriftsteller- es macht natürlich keinen Unterschied, wenn er es auch von Beruf ist- sich an den Schreibtisch setzt, eine Intention hegt, seine eigene Meinung in der Welt kundzutun. Obzwar er vielleicht von seinem trockenen Satzbau und seinen nüchternen Beschreibungen her objektiv erscheinen mag, verfolgt er mit seinem Werk irgendein Ziel, versucht den Leser von seiner Meinung zu überzeugen. Es resultiert die logische Schlussfolgerung, dass der Schriftsteller *niemals* objektiv ist, da er sich sonst nicht, damit befassen würde Bücher zu schreiben. Kipphardt hat, wie jeder andere Schriftsteller auch, versucht seine Meinung zum Thema zu verdeutlichen, indem er sie u.a. in der Schlussrede einfließen ließ. Das wäre der dritte Punkt, über den sich selbst Oppenheimer beklagte: „Why do you have me lie about it? You make me say things which I did not and do not believe." schrieb er an Kipphardt, als er die ersten Entwürfe gelesen hatte. Dem Autor rechtliche Schritte androhend, protestierte er sogar öffentlich, indem er betonte, dass das Originalhearing bloß eine „schlechte Show" gewesen sei und dass Kipphardt eine Tragödie aus der Sache mache. Erst kurz vor seinem Tod 1967 entschuldigte sich Oppenheimer brieflich bei Kipphardt, indem er schrieb „I wish that I had written with greater restraint and kindness." Ob es nun eine tiefe Reue war, die der berühmte Kernphysiker empfunden hat oder- dem schrecklichen Ende seines Kehlkopfkrebs entgegensehend- der Versuch einige Sünden aus der Welt zu schaffen, man kann sich nicht die Frage verkneifen, die in der Luft hängt. Was hatte Oppenheimer *wirklich* nicht an Kipphardts Stück gefallen?

Auf der einen Seite ist es verständlich, dass es den Physiker nicht gerade erfreute jemanden Staub in einer Sache aufwirbeln zu sehen, die er kurz zuvor als endlich abgeschlossen betrachtet hatte. „Er war außerordentlich erschrocken, dass auf einmal da ein Kamel, also ich, daherkommt und das Gras abfrisst." (Zitat von Kipphardt) Wer hätte nicht so reagiert? In diesem Stück behandelt Kipphardt sehr delikate Themen, die jedem Individuum eigen sind, schmerzliche Erinnerungen hervorrufen oder einfach nur die Privatsphäre angreifen. So war auch Oppenheimer sicherlich unwohl dabei über seine ehemalige Verlobte Jean Tatlock zu lesen, die aus lauter Verzweiflung Selbstmord begangen hatte. Nicht nur, dass die Erwähnung dieser Tatsache seine Frau, die derzeit krank und psychisch labil war, nur geschwächt hätte, es machte einen großen Unterschied aus, ob die Affäre mit Jean Tatlock in den FBI-Protokollen oder in einem Buch erörtert wurde, das sich jeder kaufen konnte.

Hinzu kam noch, dass dieses- wie der Autor sich selbst bezeichnet - „Kamel" seine Gedanken und Handlungen scheinbar falsch interpretiert hatte: Der Satz „Wir haben die besten Jahre unseres Lebens damit verbracht, immer perfektere Zerstörungsmittel zu finden [...], und ich habe in den Eingeweiden das Gefühl, das dies falsch war." [S.140/16-19f] kann nicht richtig sein, zumal Oppenheimer selbst meinte, dass es selbst nach Hiroshima richtig gewesen war, Atomwaffen zu entwickeln. Jeder naive Leser, der somit geglaubt hat, dass Oppenheimer sich nur- Opfer seiner „Schizophrenie" – von dem Staat missbrauchen ließ, sei versichert, dass es enorm viele zeitpolitische Gründe gab, warum die Wissenschaftler daran interessiert waren, Atombomben zu bauen: Während des Zweiten Weltkrieges sahen sich die amerikanischen Politiker von der Gefahr einer faschistischen Weltherrschaft ernsthaft bedroht, die von Deutschland ausging. Als 1943 Hitler bereits nach Stalingrad vorgedrungen war und die Amerikaner eine deutsche Nuklearforschung vermuteten, gab Präsident Franklin D. Roosevelt den Befehl, mit allen verfügbaren Mitteln die Entwicklung der Atombombe voranzutreiben. Oppenheimer wurde wissenschaftlicher Leiter des Forschungslabors in Los Alamos und arbeitete mit anderen Wissenschaftlern, angetrieben von ihrem tief verwurzelten Hass gegen Diktaturen. Als Deutschland 1945 kapitulierte, musste sich die USA- so steht es in unseren Geschichtsbüchern- an den Japanern für deren Angriff auf Pearl Harbor rächen und warfen die Atombomben über Hiroshima und Nagasaki ab. War das aber der einzige Grund? Wenn es so wäre, könnte man sogar den Prager Fenstersturz als eigentlichen Grund des 30- jährigen Krieges bezeichnen. Bevor man jedoch solch absurde Statements macht, schaue man sich die Weltlage nach dem Zweiten Weltkrieg an: Die Alliierten haben gewonnen, das Deutsche Reich ist besetzt, Japan hat noch nicht kapituliert und… eine neue Gefahr bedroht die Welt- so kitschig dies auch klingen mag. Die Sowjetunion hat bereits riesige Teile Europas eingenommen und scheint sich auch weiter ausbreiten zu wollen. Wie ein Retter will Stalin in seiner weißen Uniform in Europa erscheinen und „Frieden" bringen, nachdem sich die übrigen

Alliierten und Deutschland im „Schmutz gewälzt" (aus Stalins Reden) haben. Genau durch letzteres Bild sehen sich die Amerikaner bedroht- man muss die Sowjetunion aufhalten, ihr die Schlagkraft des amerikanischen Militärs demonstrieren, beispielsweise durch eine Atombombe. Pearl Harbor stellt somit nur den Anlass dar; das Ziel der USA, das *jeder* sehen kann, ist die Japaner dazu zu zwingen zu kapitulieren; das Ziel der USA, das nur *einige* sehen können, ist die UdSSR zu stoppen. Und wirklich- als die Atombombe gefallen war, verschoben die Sowjets ihre Expansion in Europa auf bessere Zeiten und begannen ihre Nuklearforschung drastisch zu intensivieren.

Es lässt sich natürlich darüber streiten, ob nicht eine andere Lösung besser gewesen wäre als die Atombombe. Man hätte ein Abkommen mit der Sowjetunion treffen können, was viel liberaler gewesen wäre als 70 000 Menschen auf einen Schlag das Leben zu nehmen. Doch „es ist schwer, einen anderen Verlauf der Vergangenheit zu mutmaßen, wenn das und das gewesen wäre" [S.96/4-6f] Tatsache ist, *dass* alles so und nicht anders passiert ist und, dass es, wenn es auch nicht in Kipphardts Konzept, so doch in das von Oppenheimer passte, Atomwaffen selbst *nach* Hiroshima zu entwickeln. Stalin hatte nämlich immer noch das Vorhaben den kommunistischen „Frieden" in die Welt zu bringen, und stellte somit eine potentielle Gefahr für die Amerikaner dar. Hätten diese aufgehört die Atombomben zu konstruieren, wäre nicht das Gleichgewicht entstanden, das wir allzu gut unter dem Namen „Kalter Krieg" kennen. Die eigentlichen Pläne Stalins wären dann vielleicht Wirklichkeit geworden.

Wenn Oppenheimer davon redet, dass er den Bau der Atomwaffen nicht bereut, redet er folglich von den zeitpolitischen, und nicht von seinen persönlichen Gründen: Er will die Waffen nur um das „Gleichgewicht des Schreckens" weiter aufrecht zu erhalten, das wiederum nötig ist um die Expansion der UdSSR zu verhindern. „OPPENHEIMER: Wir haben sie gebaut, um zu verhindern, dass sie verwendet wird." [S.16/23-24f] Man kann also sicher sein, dass Oppenheimer seine moralischen Skrupel beim Verhör nicht vorheuchelte- im Gegenteil! Es ist auffallend, dass sich im Stück häufig Metaphern aus dem christlichen Bereich finden, wie „Gott allein weiß, ob..." [S.106/32-33f], „Er spielte sich in die Rolle des lieben Gottes, des Weltgewissens" [S.38/26-27f], „Wir haben die Arbeit des Teufels getan..." [S.140/24f], etc. Damit könnten zwei Charaktereigenschaften der Atomhelden deutlich gemacht werden: a) Ihr Erfindungsgeist, der anmaßend, gottgleich ist, und b) ihr Schöpfungswerk, das existentielle Schuldgefühle und Ängste auslöst, die sich in beschönigenden Bezeichnungen der Atombombe, wie „das Baby" [S.13/5f] und „dieses Patentspielzeug" [S.13/8f] äußern. Tatsächlich scheint Kipphardt hier- Kraft seiner bemerkenswerten Montagearbeit- ein Bild von einem Wissenschaftler zu erzeugen, der Angst vor seiner eigenen Erfindung hat. Es erinnert an die Situation des Wissenschaftlers Möbius in Dürrenmatts Komödie „Die Physiker", wo dieser sich in einer Irrenanstalt einsperrt, um der Welt seine furchtbaren Entdeckungen nicht preisgeben zu müssen. Stellt sich jedoch die Frage: Kann man auf lange Zeit seiner Erfindung entkommen, bzw. konnte man die Atombombe vermeiden? Nun, wissenschaftlich gesehen, ist sie nicht zu vermeiden gewesen: Um 1940 war die Atomphysik bereits sehr fortgeschritten und man hatte erkannt, dass wenn die kritische Masse bei dem Zusammenschießen von zwei abgetrennten Mengen an Uran 235 erreicht wird, eine riesenhafte Explosion erfolgt. Der fündig gewordene Wissenschaftler, der sich irgendwelche Schuldgefühle einredet, sollte sich daraufhin sofort einsperren lassen und wichtige Papiere mit den jeweiligen Skizzen und Berechnungen verbrennen. Doch- o, weh!- er leidet an dieser elenden „Schizophrenie", die es für ihn unmöglich hat, diese wertvollen Ideen, die die Wissenschaft einen Schritt weiterbringen, auszulöschen. Er behält folglich die Skizzen und Berechnungen und sitzt in der Irrenanstalt. Was passiert jedoch? Entweder ist es die verrückte Irrenärztin, die ihre Weltherrschaft plant, oder die Politiker, die sich der Aufzeichnungen des Wissenschaftlers bemächtigen- kurzum die Idee wird missbraucht. Der Wissenschaftler versinkt in moralischen Skrupel und beginnt mit Aussagen wie „OPPENHEIMER: Wir […] sind in diesen Jahren an den Rand der Vermessenheit geraten. Wir haben die Sünde kennengelernt." [S.18/9-11ff] von der *Verantwortung der Wissenschaft gegenüber der Menschheit* zu reden.

Doch was ist die „Wissenschaft"? Untersucht man diesen Begriff und dessen Bedeutung, so findet man heraus, dass es um das ursprünglich „systematisch Ganze der Erkenntnis" geht, d.h. das Ausmaß des derzeitig sicheren Wissens mithilfe von Entdeckungen und Analysen zu erweitern. Es sei jedoch angemerkt, dass die Wissenschaft einzig und allein das erforderliche Wissen zur Verfügung stellt: Sie verweist auf Berechnungen, auf Gedankenexperimente, auf logische Schlussfolgerungen, auf Modelle, etc. Aber wer gibt ihr das Geld? Wer benutzt sie, um selbst aus ihr Vorteile zu ziehen?

Obzwar die Gesuchten unter vielen Namen bekannt sind, beschränke man sich auf das Wort „Staat", das zwar abstrakt ist, jedoch als „Monopol der legitimen physischen Gewaltanwendung" (Bertelsmann Lexikon) gerade recht kommt. Die Wissenschaft als solche war jedenfalls *immer schon* Diener des Staates. Sei es nun das ptolemäische Weltsystem, dass der Staat, als auch die Kirche, ausnützten um den einfachen Menschen davon zu überzeugen, dass Gott sein Auge auf ihn gerichtet hat oder der Bau der Eisenbahnen, die der Staat vorantrieb- jedenfalls ist klar, dass keine Wissenschaft sich jemals als *unabhängig* vom Staat bezeichnen konnte. Rein philosophisch gesehen, ist dies nicht möglich: Alles auf der Welt ist relativ. Staat, Wirtschaft, und die Wissenschaft sind eng miteinander verbunden, wobei letztere wie eine Magd vom Staat zur Wirtschaft- es kommt nämlich auf die Finanzen angereicht wird. Es handelt sich eigentlich um dasselbe Prinzip wie bei unserem vorher schon oftmals erwähnten Hobbyschriftsteller: Hat er erstmal sein Buch geschrieben, so will er es an einen Verlag schicken, damit dieser es veröffentlicht. Er hat davon natürlich viel mehr, als wenn er vor dem Computer sitzt und sich sein Werk immer wieder durchliest. Damit also die Entdeckung, die der Wissenschaftler gemacht hat, auch auf irgendeine Weise angewendet wird, muss er sich finanzielle Mittel seitens des Staates verschaffen, um in Forschungslabors beispielsweise weiterzuforschen. Diese Position kann man wahrlich nicht als *unabhängig* bezeichnen.

Ist es möglich, dass man in diesem Zusammenhang diese arme Magd für irgendetwas verantwortlich macht? Ist sie schuld, dass ihre Entdeckungen schreckliche Folgen für die Menschheit haben? Wenn man solche Fragen mit einem unwiderruflichen „Ja" beantworten würde, sollte man daraufhin Demokrit und Leukipp- die griechischen Philosophen, die die Materie als eine Ansammlung von kleinsten, unteilbaren und unveränderlichen Teilchen verstanden- als „schuldig" abstempeln. Sie haben mit ihren Erkenntnissen genauso wie Albert Einstein mit seiner Relativitätstheorie, oder Otto Hahn mit der Entdeckung der Kernspaltung *oder* schließlich wie die Atomphysiker des 20. Jahrhunderts mit der Entdeckung der kritischen Masse dazu beigetragen, dass die Atombombe entstand. Eine absurde Aussage, die jedoch logisch ist: Ohne die Relativitätstheorie und anderen wissenschaftlichen Errungenschaften, die den meisten Leuten als sehr *positiv* erscheinen, wäre die *negative* Erfindung, nämlich die Atombombe, nie zustande gekommen. Doch es stellt sich die Frage: Gibt es überhaupt eine Erfindung, die positiv, bzw. negativ ist? „TELLER: Ich meine, dass Entdeckungen weder gut noch böse sind, weder moralisch noch unmoralisch, sondern nur tatsächlich." [S.104-105/35f, 1-2f] Man beziehe sich z.B. auf die Erfindung des Messers- ist dies eine positive oder negative Erfindung? Es ist nämlich unbestreitbar, dass das Messer dem Menschen hilft Nahrungsmittel zu zerkleinern, allerdings auch zu einem der populärsten Mordinstrumente aller Zeiten geworden ist. Auch die Entdeckung der Wasserstoffbombe ist solch ein Messer: Auf der einen Seite ist es gut, „dass ihr Prinzip die künstlich herstellbare Sonnenenergie, die billigste und gewaltigste Energie, die wir kennen, in zwanzig oder dreißig Jahren das Gesicht der Erde wohltuend verändert hat." [S.104/21-25f] Auf der anderen Seite stellt die Erfindung eine gefährliche Waffe dar. Was eine wissenschaftliche Entdeckung demnach für negative Folgen hat, kann nicht von einem Wissenschaftler verhindert werden, denn *jede* einzelne wissenschaftliche Erkenntnis kann ausgenutzt und missbraucht werden. Passiert das, so schreien die Bürger auf, beschuldigen die Wissenschaft und versuchen ihr gewisse „soziale" Grenzen zu setzen.

Die Naturwissenschaften, die vorher als „frei" und „unabhängig" bezeichnet wurden, sehen sich plötzlich eingeschränkt: Große Entdeckungen à la Relativitätstheorie sind plötzlich nicht mehr möglich, da sie ja anderweitig zu gefährlichen Waffen gegen die Menschheit beitragen. Oppenheimer bleibt nichts weiter übrig als sich in seine geliebte Orientalistik zurückziehen, wo man- bis jetzt jedenfalls! – hoffen kann, dass sie der Menschheit nicht schaden kann. Kurzum, es erinnert alles an die Situation in der UdSSR als Stalin die Genetik verbot: Der Grund lässt sich in einem Satz zusammenfassen, nämlich „Auch wenn ein Blödmann die Macht ergreift, bleibt er blöd." Solch eine Aussage, die noch dazu biologisch bewiesen wurde, wäre eine Hinterfragung von Stalins Diktatur und somit „gegen die Staatsphilosophie". Warum sollte nun die Einschränkung der Wissenschaft aus „sozialen Gründen" besser sein? Die Atomphysik stellt doch genauso wie die Genetik nur Tatsachen auf, die zwar für einige nicht sehr angenehm, doch unleugbar sind. Ihnen befehlen über solche Tatsachen, die positiv als auch negativ die Gesellschaft beeinflussen könnten, den Mund zu halten, würde eher in den Rahmen von „1984" passen, als in das Bild einer Demokratie. Denn die eigentliche

Verantwortung liegt nicht beim Wissenschaftler, sondern bei denen, die anfangen *eine Tatsache zu einer gefährlichen Idee zu entwickeln, um ihre eigenen persönlichen Interessen durchzusetzen.* Seien es nun die Politiker, die es für nötig befanden die USA zu einer Atommacht zu machen, sei es die Irrenärztin in „Die Physiker", die ihre Weltherrschaft plant- schlussendlich, sei es Edward Teller als Persönlichkeit, der die Sowjetunion von der Landkarte streichen wollte. „Wir wären in der Position der Nummer eins geblieben, den Kommunisten gegenüber, und das ist eine komfortable Position, denke ich." [S.96/33-35f] Wohlgemerkt, Teller als *Wissenschaftler* machte eine brillante Entdeckung in der Atomphysik, die völlig neue Perspektiven in der Energiegewinnung eröffnete. Doch als *Mensch*, als *Persönlichkeit* versuchte Teller- und darin liegt seine eigentliche Schuld- diese Entdeckung für seine egoistischen Interessen auszunutzen. Oppenheimer, der nie solche Wünsche gehegt hatte, stellte lediglich die Tatsachen, die auch Teller hätte darlegen können, dar: „Wir wurden nicht gefragt *ob*, sondern ausschließlich *wie* sie verwendet werden sollte, um die beste Wirkung zu haben." [S.16-17/35f, 1-2f] Es würde demnach jeglicher Logik widersprechen, die Wissenschaftler für die aufgestellten Tatsachen, die weder gut noch böse sind, verantwortlich zu machen.

Und doch waren sie jahrzehntelang Thema vieler wichtiger Diskussionen, die das *Problem* oft im Zusammenhang mit der Loyalität gegenüber dem Staat behandelten. Letzteres wird vor allem im Stück „In der Sache J. Robert Oppenheimer" betont, wo es doch, gerichtlich gesehen, vor allem um die Sicherheitsgarantie geht, die dem Wissenschaftler erteilt werden soll oder nicht. Dabei stellt Kipphardt u.a. die Frage „Was ist absolute Loyalität?" [S.47/28f], was nicht sehr einleuchtend ist, zumal „relative Loyalität" nicht existiert. Wenn man sich nämlich nur *teilweise* an die Vorschriften hält, kann das bereits nicht mehr als „loyal" bezeichnet werden. Kipphardt hätte die Frage demnach anders formulieren müssen, beispielsweise folgendermaßen: „Gibt es Loyalität?" Das „Festhalten an getroffenen Vereinbarungen, das Einhalten von Gesetzesvorschriften oder die Treue gegenüber einer Autorität" (siehe Wikipedia) lässt sich in der Alltagssprache oftmals mit Worten wie „Anstand", „Fairness", „Gesetzestreue", „Rechtschaffenheit", „Regierungstreue", etc. ausdrücken. Allerdings kann man bezweifeln, dass jeder „loyale" Bürger für den Staat „durchs Feuer gehen", bzw. seine Interessen für die des Staates opfern würde. Er müsste *voll und ganz* mit der Staatsform einverstanden sein, kein *einziges* Manko daran finden und *alles* tun, damit dies auch bleibt-erst dann kann man ihn als einen loyalen Menschen bezeichnen. Um auf die Sache Robert Oppenheimer zurückzukommen: Der Wissenschaftler wird mehrmals während dem Verhör als loyaler Mensch bezeichnet. „GARRISON: Wenn sich Dr. Oppenheimer in einen Loyalitätskonflikt gestellt sähe, zwischen Ihnen und den Vereinigten Staaten, wie würde er sich nach Ihrer Ansicht entscheiden? BETHE: Für die Vereinigten Staaten. Ich hoffe, dass es niemals dazu kommt." [S.113/8-13ff] Nicht nur, dass man annehmen kann, dass Bethe und Rabi ihn nur verteidigen wollen, das Wort „Loyalität" ist für Oppenheimer bereits eine Beleidigung seiner Intelligenz: Würde er denn *alles* für diesen Staat tun? Die Frage kann sofort mit einem klaren Nein beantwortet werden, da Oppenheimer bereits am Anfang ein „Goldenes Zeitalter" [S.16/7f] beschreibt, was automatisch voraussetzt, dass er mit der zeitgenössischen Regierung nicht zufrieden ist. Fazit: Er *kann* nicht loyal sein, wenn er den Staat kritisiert. Man könnte sogar soweit gehen zu behaupten, dass ein Wissenschaftler in gar keiner Weise jemals loyal sein kann, und diese Behauptung mit einem Beispiel unterstreichen: Ein junger eifriger Schüler wird von einem Physiker à la Galilei ausgebildet. Er ist von dessen Intelligenz begeistert und empfindet eine gewisse Loyalität zu ihm. Erst Jahre später beginnt der Schüler die Grenzen des anderen zu erkennen. Er respektiert den Lehrer zwar noch immer, ist aber nicht bereit seine Hand für ihn ins Feuer zu legen. Somit ist die Aussage „[ich] halte Dr. Oppenheimer für vollständig loyal" [S.137/24-25f] eine Lüge, die es wert wäre mit der Aussage „Es existiert die Freiheit!" verglichen zu werden.

Letzteres wäre auch ein Thema, das Kipphardt in seinem Schauspiel anspricht: Die Freiheit-die „Abwesenheit von Zwang und die Unabhängigkeit von Notwendigkeit oder Zufall", die das Schlagwort der französischen Revolution und gleichzeitig eines der wichtigsten Prinzipien der Demokratie darstellt. „EVANS: Ich beobachte zwei Entwicklungen jedenfalls. Die eine, dass wir die Natur zunehmend beherrschen [...] Die andere, dass wir zunehmend beherrscht werden durch staatliche Apparate, die unser Verhalten zu normieren wünschen." [S.27/13-18ff] Der Autor zeigt, welche Vorstellungen er von der Demokratie hat, indem er den USA bereits Züge eines totalitären Überwachungsstaates zuweist, die den einfachen Bürger in seiner Freiheit beträchtlich einschränkt. Doch kann dieser davon ausgehen, dass er jemals frei war? Immerhin ist es auffallend, dass der Bürger erst von der „Freiheit" spricht, sobald er an deren Grenze- dort, wo Freiheit als Unfreiheit auftritt- angelangt ist, die ausschließlich durch Gewalt- bei Hegel der Kampf auf Leben und Tod- bestimmt wird. Folglich kann der einfache Bürger seine Freiheit immer nur in Bezug auf die Zwangsgewalt deuten, die entweder von einem Diktator, einer totalitären Regierung oder sogar vom Nachbarn ausgeht. Die eigentliche Freiheit besteht somit in der *Illusion*, dass durch die Aufhebung der zwingenden Gewalt ein freies „Dahinter" auftaucht. Es ist die Illusion, der Traum, der den Menschen schon seit Ewigkeiten beherrscht: Als die französische Revolution beispielsweise ihren Lauf nahm, erhofften sich die Bürger „Freiheit", indem sie die Grenzen, die der Monarch festgelegt hatte, entfernten. Sie glaubten das „Dahinter" endlich erreicht zu haben, doch was passierte? Eine Gruppe von Jakobinern kam an die Macht. Und hier liegt der entscheidende Punkt: Die Freiheit *kann* nur in der Illusion bestehen, da die große Masse der Bevölkerung immer von jemandem regiert werden *muss*. Ob es nun der Monarch, die Jakobiner oder die „demokratische Regierung" ist- es bleibt eine Tatsache, dass der „Herr", wie Hegel meint, immer einen guten Grund findet dem „Knecht" in seinem Dürfen, das dieser als seine Freiheit ansieht, einzuschränken. Der Senator McCarthy löste beispielsweise eine enorme Kommunistenhysterie in den 50ern aus, wodurch der Alltag der FBI nur noch darin bestand, private Telefongespräche abzuhören und Verdächtige unter Beobachtung zu stellen. „OPPENHEIMER: Ich glaube, die Beamten vom FBI haben genau beschrieben, wie viel Tage vorher ich wie lange mit ihr in welchem Hotel war, ohne die Sicherheitsbehörden von dieser Zusammenkunft zu informieren." [S.25/29-33f] Tatsächlich scheint sich diese Sicherheitshysterie nach dem Anschlag auf das New Yorker World Trade Center am 11. September 2001 in den USA, als auch in anderen Staaten, wiederholt zu haben: Um den Terrorismus Einhalt zu gebieten, wurden am Flughafen strenge Maßnahmen eingeführt, wie z.B. Flüssigkeiten nur noch in einzelnen Paketen zu transportieren, etc. Die Aussage Oppenheimers „Es gibt Leute, die bereit sind, die Freiheit zu schützen, bis nichts mehr von ihr übrig ist." [S.40/23-24f], das sich in Kipphardts Buch findet, scheint sich demnach auch Jahrzehnte später bewahrheitet zu haben. Vielleicht ist dieser Blick auf das „Heute" der Grund, warum das Stück „In der Sache J. Robert Oppenheimer" den „eindeutigen und einhelligen Erfolg beim Publikum und Kritik" (Theater heute, H.4/1981, S.63) erzielte.

Denn obzwar mehrere Persönlichkeiten, wie Oppenheimer, Rabi und Robb, nicht mit der Darstellung ihrer Figuren einverstanden waren, wurde das Buch ein unglaublicher Erfolg: Allein 1964/65 wurde *der Oppenheimer* 27-mal inszeniert und 598-mal aufgeführt- und war damit das meistgespielte Stück dieser Spielzeit in Deutschland. Selbst in Paris wurde das Schauspiel Motivation für den Regisseur Jean Vilar, der kurz darauf eine andere Version des Oppenheimer- Hearings veröffentlichte. Kipphardt war allerdings tief erzürnt, was er mit der Aussage „Vilar nimmt meine Personen, meine Kompositionsweise und meine Szenefolge" in der Süddeutschen Zeitung deutlich machte. Vilar war damit gezwungen Kipphardts Stück als Ausgangspunkt seiner Textfassung zu nennen.

Doch was ist der große Unterschied zwischen Jean Vilars *Oppenheimer* und Kipphardts Stück? Nun, es ist auffallend, dass der französische Regisseur den Wissenschaftler in einem heldenhaften Licht darstellt, während Kipphardt ihn als widersprüchlichen Menschen zeigt, der von Skrupel geplagt wird. Es ist eine unterschiedliche Sichtweise, eine unterschiedliche *Interpretation* der Person Oppenheimer. Hier wäre auch gleichzeitig meine persönliche Kritik an dem Buch „In der Sache J. Robert Oppenheimer" anzusetzen: Obwohl Kipphardt nach dem Prinzip „Wenn die Wahrheit von einer Wirkung bedroht schien, opferte er die Wirkung" [S.142/1-2f] verfuhr, ist es lediglich *seine* Interpretation, die der Leser zu sehen bekommt. Dass das Verhör Oppenheimers 3000 Maschinenseiten Protokoll umfasst, zeigt bereits, dass dort Argumente und Beweggründe genannt wurden, die Oppenheimer zu eben diesen Aussagen anregten- leichte Nuancen könnten bereits erklären, warum der Wissenschaftler *so* antwortete und nicht anders. Kurzum: Es lässt sich sofort erkennen, dass das Stück im Grunde genommen nur eine Montage darstellt, eine Sammlung von Dialogen, die Kipphardt so gut zusammengefügt hat, dass sie seinem Bild von der Verantwortung des Wissenschaftlers entsprechen. Der gewitzte Leser könnte dies sogar mit dem „Schriftenmissions-Unternehmen" von den Zeugen Jehovas vergleichen, die bestimmte Bibelstellen so aneinanderfügen, dass kein Gläubiger daran zweifeln kann, dass es nur noch eine Frage der Zeit darstellt bis die Apokalypse eintritt. Sie lassen sich durch die Bibel ihre Meinung bestätigen, genauso wie Kipphardt seine durch Oppenheimer bestätigen lässt. „Wir haben die Arbeit des Teufels getan…" [S.140/24f] meint der Wissenschaftler wie eine Marionette des Autors, obwohl er kurz zuvor sagte „Es ist nicht die Schuld der Physiker, dass gegenwärtig aus genialen Ideen immer Bomben werden." [S.86/11-12f]. Wie dachte Oppenheimer nun wirklich über seine Situation? Was war Oppenheimer für ein Mensch? Tatsache ist, dass er keine Person war, dessen Gedanken und Moralwerte nach einer Lektüre von 3000 Seiten FBI-Protokoll eindeutig und klar waren. „Ich meine, dass man einen Menschen nicht auseinander nehmen kann wie einen Zündsatz." [S.44/10-11f] Deswegen hätte sich auch Kipphardt, meiner Meinung nach, nicht anmaßen sollen, so etwas mit Oppenheimer zu tun.

Quellen:

a) Primärliteratur: Kipphardt, Heinar: In der Sache J.Robert Oppenheimer
Text und Kommentar Suhrkamp BasisBibliothek, Suhrkamp Verlag. Frankfurt am Main 1964, Kommentar: Frankfurt am Main 2005